CINQ-MARS.

CINQ-MARS

ÉTUDE HISTORIQUE

(Lue à la Société du Musée de Riom, dans la Séance du 13 juin 1865
Par M. Eugène TALLON, secrétaire de la Société).

RIOM

G. LEBOYER, IMPRIMEUR DE LA SOCIÉTÉ DU MUSÉE

1865

CINQ-MARS.

> ... Nam qui nimios optabat honores,
> Et nimias poscebat opes, numerosa parabat
> Excelsæ turris tabulata, unde altior esset
> Casus, et impulsæ præceps immane ruinæ.
> JUVENAL. *Satire X.*

I.

L'histoire a, comme le roman et le théâtre, ses héros d'un jour ; leur vie occupe à peine un court épisode dans la grande épopée de ses annales ; chacune de leurs actions semble destinée à en précipiter la fin rapide vers un tragique dénouement.

Tel est, en général, le sort des conspirateurs ; qu'ils s'appellent, selon les pays et les temps, Catilina, Fiesque ou Cinq-Mars, ce sont des hommes jeunes et entreprenants, s'attaquant à une autorité impopulaire, encouragés d'abord par les applaudissements de la foule dans le rôle qu'ils prétendent jouer sur la scène politique, puis misérablement abandonnés à l'heure fatale de la chûte! Impatients du pouvoir et abusés par les premières faveurs de la fortune, ces héros éphémères ne savent pas demander le succès à de sérieuses et longues épreuves, ils veulent hâter de tous leurs efforts la marche à leur gré trop lente du temps, et l'on voit ainsi courir à leur perte ceux-là même qui, plus soumis à la loi providentielle de l'attente laborieuse et patiente, auraient, grâce à leurs talents et à d'éminentes qualités, laissé après eux le souvenir d'une vie glorieuse, utile et pure.

Le sentiment de regret qu'inspirent toujours ces défaillances de la raison humaine, étend son ombre sur l'histoire de Cinq-Mars. Né d'une famille illustre, possédant à vingt ans la confiance d'un grand ministre et l'amitié d'un roi de France, appelé à occuper dans l'avenir les plus hauts emplois politiques et militaires, il a spontanément brisé, dans les colères de l'orgueil blessé et les impatiences de l'ambition déçue, ces brillantes espérances!

Le grand événement qui résume cette vie si courte et si agitée, mérite bien d'être rappelé. La conspiration de Cinq-Mars n'a pas seulement, pour nous, l'attrait particulier qui nous attache toujours à la fortune bonne ou mauvaise d'un enfant de l'Auvergne; elle est avant tout l'un des faits importants de l'histoire nationale, et pour tout observateur attentif, elle porte en soi sa pensée et ses enseignements.

II.

Henri d'Effiat, marquis de Cinq-Mars, naquit en 1620, au château d'Effiat, en Auvergne, demeure patrimoniale de sa famille (1). Ce château est placé sur la limite de la Limagne d'Auvergne et du Bourbonnais, au penchant de ces verts côteaux où la richesse naturelle du sol emprunte au voisinage de l'Allier une inépuisable fraîcheur ; au pied se déroule la plaine fertile ; à l'horizon se présentent les montagnes dont l'âpre nudité fait, avec la fécondité qui les entoure, un frappant contraste.

Peu remarquable par son architecture, le château d'Effiat offre cependant dans l'ensemble de ses lignes simples et massives, un certain caractère de grandeur. Relevé par le maréchal d'Effiat, puis agrandi et transformé par ses successeurs, il servit, dans le courant du 18e siècle, d'école royale militaire, sous la direction des prêtres de l'Oratoire. Enfin, pendant la Révolution, la vente nationale morcela et mit aux mains de divers propriétaires cette aristocratique demeure.

---

(1) On voit encore dans l'église d'Effiat une longue liste des membres de la famille d'Effiat, gravée sur une table de marbre.

Cinq-Mars est le nom d'une terre située en Touraine ; les noms patronimiques de cette famille étaient Coieffier de Ruzé d'Effiat.

A l'époque où commence ce récit, en 1637, Cinq-Mars venait à peine de quitter les fiefs paternels pour faire son entrée dans le monde. Le maréchal, son père, était mort plusieurs années auparavant, en allant prendre le commandement des armées d'Allemagne (1). La maréchale, frappée par cet événement dans tout l'éclat de sa jeunesse et de son rang, s'était retirée dans sa terre d'Effiat; elle y avait longtemps vécu dans la solitude, entourée de ses cinq enfants, lorsque, enfin, les préoccupations de leur avenir, jointes aux instances de Richelieu et de la reine Anne, la rappelèrent à la cour.

Le cardinal avait été, dès sa jeunesse, l'ami du marquis d'Effiat. Devenu premier ministre de Louis XIII, il l'avait attaché à sa fortune politique en qualité d'intendant des finances. Plus tard, après des services militaires distingués, il lui fit accorder par le roi le commandement de l'armée de Piémont, et enfin, quand son autorité croissante l'eut rendu l'unique dispensateur des grâces et des honneurs, il lui donna le bâton de maréchal. Après la mort du marquis, Richelieu s'occupa de l'avenir de ses enfants, avec d'autant plus d'empressement qu'il pensait trouver en eux la fidélité et l'attachement inébranlables de leur père.

Cinq-Mars s'attira plus particulièrement l'atten-

---

(1) Le maréchal d'Effiat mourut à Trêves, le 27 juillet 1627.

tion et les bonnes grâces du premier ministre par la précocité de son esprit, la hardiesse de son caractère et les charmes de sa personne. Il avait alors dix-huit ans ; Richelieu lui donna son brevet de capitaine aux gardes, et l'attacha à la personne du Roi.

Les faveurs du cardinal n'étaient pas entièrement désintéressées ; dans tout l'éclat de sa puissance, une crainte secrète l'agitait. Depuis dix années que, sous le nom de Louis XIII, il gouvernait la France, Richelieu avait sans doute accompli de grandes choses : assurer au dehors le triomphe de la politique de Henri IV, en soumettant à la prépondérance française l'orgueil de la maison d'Autriche ; rétablir au dedans l'ordre dans les finances, en continuant les sages réformes de Sully ; garantir et resserrer l'unité du royaume en abattant du bâton de Tarquin les hautes tiges de la noblesse ; fonder enfin la monarchie absolue sur les ruines de l'oligarchie féodale ; tel avait été le but de ses constants efforts. Déjà il l'atteignait ; mais, assuré du succès, il voyait naître sous ses pas de géant la jalousie royale. Louis supportait avec peine le joug de l'impérieux ministre ; il lui en voulait de sa propre impuissance, et lui gardait rancune de l'exil de sa mère dont il ne pouvait obtenir le retour. Aussi le cardinal-ministre appréhendait-il qu'un moment d'irritation ou de lassitude ne vînt compromettre son œuvre, et pour l'affermir mieux encore, il voulait entièrement gouverner la volonté du roi ; dans ce but, il entourait Louis d'hommes dévoués à ses propres intérêts, épiait ses actes, ses paroles, et s'assurait, par des rapports fidèles, de la connaissance même de ses pensées. Pour arriver à ce résultat, le cardinal n'était pas toujours très-scrupuleux sur le choix des moyens ; après avoir vainement tenté de gagner à ses intérêts Mlle de Hautefort, moins sensible à l'amour du roi que dévouée à l'amitié de la reine et partageant son peu de sympathie pour celui qu'elle traitait en orgueilleux parvenu, il voulut opposer à cette influence celle d'un favori qui s'emparât à son profit de l'esprit du faible Louis XIII. Alors il introduisit auprès de la personne royale Henri d'Effiat, ne doutant pas que ce brillant cavalier, habile et séduisant, n'arrivât, en flattant ses goûts, ses caprices, sa passion extrême pour la chasse, à disputer le cœur de Louis à sa maîtresse même.

Cinq-Mars était grand et bien fait, d'une physionomie ardente et expressive, cachant sous un air d'heureuse insouciance une connaissance précoce des hommes et des choses ; ambitieux et souple à la fois, il semblait né pour devenir un parfait courtisan. Il se distinguait parmi les plus fiers de la valeureuse jeunesse d'alors, et s'était déjà fait remarquer par sa bravoure au siége d'Arras. Vaniteux à l'excès et prêt à tout plutôt qu'à souffrir une offense, il n'eût pas craint, en dépit des édits de l'éminentissime cardinal, de se battre, comme Boutteville et Deschapelles, en plein midi, sur la place royale ; aimant la chasse, et feignant de l'aimer plus encore pour flatter la passion d'un prince qui se piquait de connaissances égales à celles de *Jacques Dufouilhoux* dans la noble et haute science de vénerie ; s'abandonnant aussi à des caprices fantasques, et déjà célèbre dans les ruelles par d'aventureuses amours ; turbulent et magnifique; d'ailleurs esprit résolu et hardi dans le conseil, ayant en un mot des goûts, des qualités et des défauts en tous points opposés à ceux du roi, il s'attacha cependant Louis par la contradiction même de leurs caractères, ou peut-être parce que ce prince trouvait dans la diversité de cette nature multiple un refuge contre le sombre ennui qui le gagnait sans cesse et qu'il fuyait avec épouvante.

III.

En peu d'années Cinq-Mars s'éleva rapidement dans la faveur royale ; nommé grand-maître de la garde-robe en 1638, Louis XIII lui conféra, deux années après, la dignité de grand-écuyer, convoitée alors des plus hauts personnages du royaume (1);

---

(1) La charge de grand-écuyer, l'une des plus importantes de la couronne, conférait le droit de nommer aux places vacantes dans le service des écuries. Le grand-écuyer disposait aussi du règlement des postes, et portait, dans les grandes cérémonies, l'épée et le baudrier du roi.

Saint-Simon raconte qu'après la mort funeste de Cinq-Mars la

il avait vingt ans, et déjà il possédait sans partage la confiance et le cœur du roi. Richelieu lui-même n'avait pas prévu cette prompte fortune, mais il ne s'en inquiétait point encore, espérant diriger facilement dans la voie de ses intérêts ce jeune homme au caractère souple, insouciant et voluptueux, qui lui semblait plus affolé de plaisirs que jaloux de puissance et piqué d'ambition. Il chercha donc à cimenter de tous ses efforts l'amitié du roi pour son favori. Des brouilles fréquentes éclataient entre eux ; Cinq-Mars avait pour son maître des dépits et des colères d'enfant ; il savait peut-être que ses incartades, en jetant un peu d'agitation et de variété dans la monotone existence du monarque, l'attachaient plus encore à lui.

Louis allait se plaindre au cardinal des travers ou des folles équipées de son favori, et Richelieu intervenait gravement dans ces querelles puériles ; la paix faite, la tendresse du roi pour le charmant compagnon de ses plaisirs se traduisait par de nouvelles faveurs.

Cette entremise du cardinal se produisit parfois dans de singulières circonstances ; en voici un

---

charge de grand-écuyer resta quelque temps vacante, puis fut donnée à son père par Louis XIII à son lit de mort ; mais le nom étant resté en blanc sur le brevet, Chavigny y substitua celui du duc d'Harcourt qui y fut maintenu par la reine régente. Le duc de Saint-Simon indigné attaqua d'abord le duc d'Harcourt, puis il quitta la cour et se retira dans sa terre de Blaye. *(St-Simon. Mémoires. Chap. V.)*

curieux exemple rapporté par le véridique continuateur de Mezeray (1) :

« Cinq-Mars, grand-écuyer de France, dit ce
» chroniqueur, pensa être disgracié au commence-
» ment de cette année 1641 ; il avait une maîtresse
» nommée Marion Delorme, qu'il allait voir en
» poste dès que le roi était couché, et revenait de
» même ; en sorte que quand le roi se levait et
» qu'il faisait appeler le grand-écuyer, on lui disait
» qu'il n'était pas levé ; le roi, qui ne savait pas
» cette amourette, censurait souvent Cinq-Mars de
» sa paresse, et quand il l'eut apprise, il lui dé-
» fendit de revoir cette fille. Mais le grand-écuyer,
» qui présumait trop de sa faveur, ayant répondu
» aux censures du roi avec peu de respect, reçut
» ordre de ne point paraître devant lui ; le cardinal
» de Richelieu fit ce qu'il put en cette circonstance
» pour raccommoder le grand-écuyer avec son
» maître ; et comme il était à Rueil et le roi à
» Saint-Germain, il écrivit au roi et donna le pa-
» quet à porter à Cinq-Mars pour le rendre à Sa
» Majesté ; il prit d'autant plus à cœur cette
» réconciliation, qu'ayant élevé Cinq-Mars au poste
» où il était, il voulait le rendre plus dépendant de
» lui, en lui devenant tous les jours plus néces-
» saire. »

---

(1) Abrégé chronologique pour servir de suite à l'Histoire de France de Mazeray, année 1641.

En retour de ses bons offices, le cardinal exigeait de Cinq-Mars un rapport journalier et fidèle de tout ce qui se passait dans la chambre royale. Il n'ignorait pas que Louis XIII, impassible et silencieux devant le ministre dont le zèle infatigable déchargeait sa main débile du poids des affaires, laissait souvent gronder, loin de sa présence et devant ses favoris, les colères d'un cœur profondément blessé du sentiment de son infériorité ; alors éclatait sa haine contre le cardinal, son dépit de voir l'autorité royale asservie aux volontés d'un vassal. Il parlait de ressaisir le timon de l'Etat, et le mot de disgrâce montait à ses lèvres comme un sinistre avertissement. Richelieu voulait donc être prévenu avec soin, par les confidents du roi, de ces éclats lointains d'une irritation habituellement contenue, pour régler d'après cela sa conduite et conjurer habilement l'orage qui menaçait sa tête.

Louis, de son côté, se savait espionné par les agents du cardinal, et voulait se soustraire à leurs investigations. Cinq-Mars, placé près de sa personne par Richelieu, lui était suspect à ce titre ; il eût pu l'éloigner..... Mais il aimait ce jeune homme, si nécessaire à ses plaisirs. Il préféra lui faire *jurer* de ne rien rapporter au ministre de ce qu'ils diraient dans leurs conversations particulières.

Cinq-Mars jura avec une joie sincère de ne plus trahir la confiance de son maître, et tint fidèlement son serment.

Il répugnait depuis longtemps à la hauteur de

son caractère de n'être auprès du roi que le servile instrument de la surveillance soupçonneuse du premier ministre. Enfant et ambitieux de parvenir, il avait payé de toutes les complaisances la faveur de Richelieu, mais honoré maintenant de l'un des hauts emplois de la couronne, fier de l'amitié du fils de Henri IV, il souffrait de s'abaisser au rôle dégradant d'espion, il n'hésita donc plus à secouer l'irritant fardeau de la protection ministérielle.

Richelieu ne tarda pas à s'apercevoir de ce changement dans les dispositions de Cinq-Mars; pour l'inflexible ministre, ses amis devaient être des serviteurs dociles et soumis, sinon il ne les traitait pas mieux qu'il n'eût fait de ses ennemis les plus redoutables. Dès qu'il fut donc assuré de ce relâchement du zèle du grand écuyer dans le service de ses intérêts, il résolut sa perte, et bientôt se déclara toute sa haine contre le transfuge.

On a souvent accusé Cinq-Mars d'ingratitude envers son bienfaiteur (1); pour être juste, on doit le juger dans la situation même où il se trouva alors : placé entre les humiliantes exigences du cardinal

---

(1) On doit s'étonner de retrouver cette appréciation dans un écrivain d'un talent sérieux, M. Henri Martin ; pour cet historien, la conspiration de Cinq-Mars n'aurait eu d'autre cause que le refus du cardinal de l'admettre au conseil, et il ne craint pas de lui supposer, par cette seule raison et sans autre preuve, l'intention d'assassiner son bienfaiteur et l'ami de son père ; n'est-ce pas représenter Cinq-Mars sous d'injustes et odieuses couleurs ? (Henri Martin, t. XI, p. 554, 558).

et la fidélité jurée au roi, aurait-on le courage de le blâmer d'avoir voulu rompre par un sentiment honorable une injurieuse servitude? Cette détermination prise, Henri d'Effiat n'ignorait pas qu'il ne pouvait plus espérer trouver grâce devant la colère de Richelieu ; instruit aussi par l'exemple du précédent favori du roi, sacrifié à la même haine, de la faiblesse avec laquelle Louis défendait ses amis, il puisa dans la nécessité du triomphe le courage de la lutte et chercha son salut dans la perte même du premier ministre.

L'ambition du grand écuyer s'était d'ailleurs exaltée par sa marche rapide dans les honneurs ; Richelieu devenait pour lui un obstacle ; déjà il l'avait fait retirer du conseil privé, et il avait empêché le roi de le nommer, selon son désir, duc et pair. Il assurait donc, en abattant son ennemi, le succès de ses espérances ! Puis, il faut le dire, la joyeuse humeur de Cinq-Mars lui faisait supporter avec un ennui mortel ses fonctions de compagnon préféré qui l'attachaient journellement à un prince de mœurs austères et dont la noire mélancolie étendait sur tout ce qui l'approchait une ombre importune. Souvent on lui avait entendu dire :
« Je suis bien malheureux de vivre continuellement
» avec un homme qui m'ennuie tant ! »

Dans ses dispositions d'esprit, il eût tout tenté pour s'élever à un poste qui, en satisfaisant sa courtoisie ardente de nouvelles grandeurs, lui rendît aussi l'indépendance de sa personne.

Un écrivain de noble et pure mémoire, dont les Lettres portent encore le deuil, Alfred de Vigny, dans son roman historique de Cinq-Mars, a fait de l'amour, rebuté par raison d'État, du grand écuyer pour la jeune et brillante Marie de Gonzague (1), la cause de sa conspiration. Donner à l'ambition d'Henri d'Effiat, une haute et ardente passion pour excuse, couvrir sa vengeance de l'intérêt qui s'attache toujours aux amants malheureux, et assurer ainsi à son héros les sympathies du lecteur, n'est pas un des moindres mérites de l'œuvre du poète romancier. Mais cette appréciation du mobile des actions de Cinq-Mars, pour être plus séduisante, n'en est pas mieux conforme à la vérité. — Courtisan habile et esprit calculateur sous des apparences chevaleresques, Henri d'Effiat ne vit guère dans ses projets, que sa mère, il est vrai, appuyait auprès de la reine, d'une union avec une princesse de sang royal, qu'un moyen d'élévation ; et si, grâce aux charmes de la belle Marie, l'amour et l'ambition voyagèrent un moment de compagnie, l'ambition était partie la première (2).

---

(1) Marie de Gonzague devint plus tard reine de Pologne par son mariage avec Ladislas ; à la mort de ce prince, elle épousa son successeur, Jean-Casimir.

(2) Cinq-Mars lui-même n'a pas cherché à abriter sa vengeance sous les égarements de la passion. Il indiqua au chancelier Séguier, dans un interrogatoire consigné aux pièces du procès, les causes de sa conspiration : Six choses, dit-il, lui

IV.

La guerre déclarée entre Cinq-Mars et Richelieu, la faveur du roi devint l'arme des deux adversaires ;

avaient donné contre Richelieu une aversion qu'il ne pouvait modérer :

La première, qu'après le siége d'Arras, à la fin duquel il s'était trouvé, M. le cardinal avait parlé de lui comme d'une personne qui n'avait pas montré beaucoup de cœur ;

2° Qu'après l'alliance de M. le marquis de Sourdis et de son frère, le cardinal avait dit que M. de Sourdis avait fait honneur à sa maison ;

3° Qu'ayant souhaité d'être fait duc et pair, M. le cardinal en avait détourné le roi ;

4° Qu'il s'était senti obligé de prendre la protection de M. l'archevêque de Bordeaux, lequel il avait cru qu'on voulait perdre ;

5° Que lui parlant de la princesse Marie, il dit que sa mère voulait faire le mariage de lui avec elle, Son Eminence dit que sa mère, Mme d'Effiat, était une folle, et que si la princesse Marie avait cette pensée, elle était plus folle encore, qu'ayant été proposée pour femme de Monsieur, il aurait bien de la vanité et de la présomption de la prétendre ; que c'était chose ridicule ;

6° Que le cardinal avait trouvé étrange que le roi l'eût admis au conseil, et l'en avait fait sortir. (*Mémoires de Richelieu*, t. II, *pièces à l'appui, procès de Cinq-Mars et de Thou*).

Les blessures de l'amour-propre froissé occupent, on le voit, la plus large part dans les griefs du grand écuyer ; toutefois, on peut supposer que Cinq-Mars n'a pas déclaré au chancelier la vraie cause de sa haine, dans la crainte de mettre en jeu la personne du roi, au moment où il n'espérait son salut que de lui seul ; il lui répugnait aussi d'avouer le rôle humiliant qu'il avait joué au profit de son ennemi auprès de Louis XIII, et il ne voulait pas s'aliéner son appui en lui rappelant qu'il avait commencé par trahir sa confiance.

l'un pensait se l'attirer par les séductions de l'âge et une préférence déjà ancienne, l'autre comptait sur l'éclat des services rendus et l'ascendant d'une volonté inébranlable sur un esprit faible.

Cinq-Mars agit le premier : il s'efforça d'aigrir par ses discours les dispositions déjà peu favorables du roi pour le cardinal ; il lui représentait la tyrannie de son ministre, si humiliante pour la grandeur royale ; la misère du peuple, les plaintes de la noblesse abattue et mécontente, ses amis d'autrefois décapités ou bannis, la reine exilée, se mourant dans l'indigence, à Cologne. — A la vue de ces tableaux dont le grand écuyer s'efforçait d'assombrir les couleurs, Louis éclatait contre Richelieu et plus d'une fois il fut sur le point de lui déclarer son mécontentement ; mais, en face de l'action, les hésitations naturelles à l'esprit du prince l'obsédaient et le dominaient ; alors lui revenaient en mémoire les services éminents rendus à la France et à la royauté par les efforts opiniâtres et le génie du premier ministre. L'image d'un passé difficile se montrait en regard de la prospérité présente de l'État ; puis, la pensée de soutenir seul le poids des affaires épouvantait le roi ; qui pourrait remplacer Richelieu ? — Autour de lui, nul n'en était capable, et si quelqu'un de digne s'offrait à son esprit, il était des amis du cardinal ! Au milieu de ces perplexités, Louis XIII fit entendre à Cinq-Mars qu'il ne pouvait aspirer à prendre la place de celui que peut-être il avait cru supplanter ; et il ajouta :

« *Souvenez-vous bien que si M. le Cardinal se
» déclare ouvertement contre vous, je ne puis vous
» garder près de moi.* »

Le grand écuyer, froissé dans ses prétentions et n'espérant rien de la volonté irrésolue du monarque, n'essaya plus de le pousser à une détermination qui aurait pu réagir contre ses projets; il préféra tirer parti du mécontentement manifeste de Louis contre le cardinal, et du doute qui régnait dans l'opinion publique sur ses intentions envers lui. Décidé alors à demander aux sourdes menées d'une conspiration ce qu'il ne pouvait plus franchement obtenir, Cinq-Mars chercha à s'allier les mécontents, parti nombreux dans une cour où la politique de Richelieu avait sacrifié à l'intérêt de l'État toutes les rivalités jalouses du pouvoir royal, et où l'avancement de ses créatures avait irrité tant de vanités ambitieuses; les uns, comme le duc de Bouillon, espéraient prendre leur revanche d'un précédent complot misérablement avorté et attendaient, pour recommencer, l'occasion favorable; les autres, comme de Thou et Fontrailles, étaient bien aise de couvrir leur haine personnelle contre le cardinal, de projets que l'on disait avoir l'assentiment secret du roi. Auprès de tous, on faisait valoir la faveur croissante du grand écuyer, la chute imminente du premier ministre, et tout en flattant de secrètes ambitions, on mettait en avant l'intérêt public, éternel drapeau des passions politiques les plus opposées! Ainsi se forma rapidement un parti puissant qui trouva des adhérents aux pieds même du trône. Le roi ferma les yeux sur ce qui se passait autour de lui, attendant peut-être d'un événement, qu'il eût accepté sans vouloir le provoquer, une délivrance désirée. La reine connut aussi la conspiration, et si ni l'un ni l'autre ne lui prêtèrent un appui déclaré, ils l'encouragèrent du moins d'un silence significatif. A ce parti il fallait un chef, et aux conspirateurs un nom dont le prestige les abritât contre un revers de fortune.

Cinq-Mars s'adressa, par l'entremise de son ami de Thou, à Gaston d'Orléans.

« Le duc d'Orléans, » dont un écrivain d'esprit et de talent (1) trace ainsi le portrait : « eût été sans
» aucun doute le plus habile des conspirateurs, si
» une longue expérience avait pu lui apprendre
» quelque chose. Aussi irrésolu qu'incapable, aussi
» défiant que poltron, c'était l'homme le moins
» prince du monde et en même temps le plus om-
» brageux et le plus jaloux de son rang ; il subissait
» l'influence de tous ceux qui l'approchaient, mais
» il ne se laissait diriger avec suite par personne,
» ayant toujours sa santé pour prétexte et la colique
» pour excuse. Amoureux de l'intrigue et ennemi
» de l'action, mécontent plutôt qu'ambitieux, il

---

(1) M. Joseph Michon (*Etude littéraire sur le génie et les écrits du cardinal de Retz*, p. 16).

» n'eût rien tant redouté que le pouvoir qu'il cher-
» chait. Il trahissait ses amis pour ne pas déplaire
» à ses ennemis, et il perdait ainsi l'appui des uns
» sans acquérir la reconnaissance des autres. » Ce
prince, incorrigible dans ses tentatives pour surprendre un pouvoir qui lui échappait sans cesse et
qui aurait fort embarrassé son incapacité s'il l'eût
une fois tenu en mains, accepta les ouvertures de
Cinq-Mars et saisit avec empressement cette occasion de satisfaire ses vieilles rancunes contre Richelieu et de se relever de l'humiliation dans laquelle
il le tenait abaissé. Gaston promit tout aux conjurés,
bien décidé d'ailleurs à ne rien tenir si le résultat
de l'entreprise ne répondait pas à ses espérances !
Le duc de Bouillon offrit aux conspirateurs sa place
de Sédan, pour leur servir de refuge en cas d'échec,
mais il exigea qu'on lui assurât une armée pour la
défendre. Ce fut alors que Cinq-Mars, trop engagé
pour reculer, s'associa aux ennemis de la France,
et négocia avec l'Espagne un traité qui devait être
sa perte. Fontrailles fut envoyé auprès du ministre
d'Espagne, le duc d'Olivarès, pour en stipuler les
clauses ; — il passa les Pyrénées muni de deux
blanc-seings portant la signature de Gaston d'Orléans, et le traité fut ainsi conclu le 13 mars
1642 (1).

---

(1) Ce traité est inséré dans les *Mémoires de Richelieu*, aux
pièces justificatives, t. II, p. 379).

Les Espagnols s'engageaient à fournir au duc d'Orléans douze mille fantassins, cinq mille cavaliers, 400,000 écus pour les frais de la guerre. L'attaque était dirigée contre la personne même de Richelieu ; aussi convenait-on qu'il ne serait rien entrepris « *contre le Roi de France au préjudice de* » *ses Etats, ni contre les droits de la Reine ré-* » *gnante.* » La paix à faire entre les deux couronnes était la fin du traité et le prétexte de la guerre.

Richelieu, soupçonnant la conspiration et voulant occuper ailleurs l'esprit du Roi pour le détourner de suggestions auxquelles il le savait disposé à céder, l'engagea à prendre en personne le commandement de l'armée des Pyrénées; le cardinal était bien aise aussi de placer Louis XIII, dans un moment où sa santé chancelante semblait faire présager sa fin prochaine, au milieu d'armées dont les chefs étaient dévoués aux intérêts ministériels, pour qu'il pût se saisir, à sa mort, de la régence du royaume; certains historiens ont même accusé le premier ministre, sans que rien justifie une telle assertion, d'avoir compté sur les fatigues du voyage pour avancer la mort du Roi son maître.

La Catalogne venait de se donner à la France; Louis XIII allait recevoir son serment; et pour affermir cette possession nouvelle, on entreprendrait la conquête du Roussillon. Déjà le maréchal de la Meilleraie avait mis le siége devant Perpignan! Turenne était le lieutenant-général de l'armée; le succès des armes françaises semblait assuré.

Louis fut un moment tenté par la gloire ; il espérait d'ailleurs trouver dans le bruit des camps une diversion à ses préoccupations et chasser ainsi la tristesse et la langueur qui l'envahissaient chaque jour davantage. Cette détermination prise, le Roi partit pour Lyon ; il passa dans cette ville la revue des troupes, de là il se dirigea vers Narbonne, pour aller ensuite organiser les travaux du siége sous les murs de la capitale du Roussillon.

Cinq-Mars, durant ce voyage, se gagna plus encore l'affection de Louis XIII ; il espéra même un moment substituer au traité de guerre contre la France, qu'il avait consenti à l'Espagne, un traité de paix signé du Roi, avec la disgrâce de son ministre pour principale clause. D'un autre côté, son parti grossissait de jour en jour ; la noblesse d'Auvergne, fort attachée à la maison d'Effiat, était venue à Lyon se grouper autour de lui ; déjà l'armée se divisait en deux factions : les *Royalistes* et les *Cardinalistes* ; dans l'opinion publique, nous dit Madame de Motteville (1), « le Roi était tacitement le chef du complot ; le grand-écuyer en était l'âme ; » la fermentation des esprits touchait à son comble, le dénouement approchait.

---

(1) Mémoires de Mme de Motteville, page 401, collection Pétitot.

Malgré son âge et ses infirmités, Richelieu s'avançait vers l'armée, entouré d'un cortége plus brillant que celui du roi son maitre (1); s'il ne pouvait plus, comme jadis au siége de la Rochelle, se mettre valeureusement à la tête des troupes pour les conduire au combat, il voulait du moins se rapprocher du théâtre de la guerre pour en surveiller les opérations. Il n'était pas homme d'ailleurs à abandonner loin de son action l'esprit de Louis à l'influence de ses ennemis. Le ministre vit le roi à Lyon et conféra avec lui, mais il en reçut un accueil qui lui fit comprendre tout ce qu'il avait perdu dans sa confiance. La douleur que Richelieu en ressentit aggrava son mal, et il fut obligé de s'arrêter à Tarascon où il resta durant les travaux du siége, soit qu'il voulût, comme on l'a dit, se ménager, en cas de disgrâce, un refuge du côté de l'Italie, soit plutôt que, ne doutant pas d'un prompt retour de la fortune, il attendit là une occasion favorable de se présenter au roi et de reprendre son ascendant sur ses volontés.

(1) « Le cardinal se faisait porter dans une large litière par les officiers de sa maison. On abattait pour lui faire place les murailles des villes et les maisons dans les rues trop étroites. A Viviers, on démolit la façade de l'hôtel qu'il devait occuper, pour l'installer dans sa chambre sans qu'il mît pied à terre. Sa cour était composée de gens d'importance, et les soldats qui l'escortaient faisaient grande démonstration de piété. »
(Journal manuscrit de J. de Banne, recueilli par Comyne Buchon.)

Cet homme, dont le génie était alors la gloire de la France aux yeux de l'Europe entière, souffrait cruellement de l'ingratitude d'un prince dont il avait fait la grandeur. Mais son étoile ne devait point pâlir; un heureux hasard lui fit découvrir le traité des conjurés avec l'Espagne; il tenait désormais en main la perte de ses ennemis et le sceau définitif de sa puissance.

Mis en possession d'un double du traité par des agents qu'il entretenait à l'étranger, Richelieu en envoya une copie au roi par Chavigny, son ami dévoué; Chavigny était habile, il sut persuader à Louis, en lui représentant les dangers qu'avait courus sa personne et les suites funestes du complot pour l'Etat et pour la royauté, d'abandonner le grand-écuyer et ses adhérents à la vengeance du premier ministre. En un instant la cour changea de face; les conjurés tremblèrent; Louis envoya dire au cardinal *qu'il ne l'avait jamais plus aimé*, et il donna l'ordre d'arrêter Cinq-Mars.

Henri d'Effiat, secrètement averti de ce qui se passait auprès du roi, eût pu fuir; mais s'abandonnant à sa présomption naturelle et ne prévoyant pas que les sentiments de Louis eussent pu sitôt changer, il crut, en restant, pouvoir encore assurer son salut; il ignorait d'ailleurs que le traité fût découvert. Fontrailles, mieux avisé, lui dit :
« *Monsieur, vous êtes de belle taille; quand vous*
» *seriez plus petit de toute la tête vous ne laisseriez*
» *pas d'être fort grand; pour moi, qui suis déjà*

» *trop petit, on ne pourrait rien m'ôter sans m'in-*
» *commoder fort et sans me faire de la plus vilaine*
» *taille du monde ; vous trouverez bon, s'il vous*
» *plaît, que je me mette à l'abri des couteaux.* » Après
quoi il embrassa son ami, monta à cheval et reprit
la route d'Espagne que pour le malheur de tous il
avait déjà une fois suivie !

V.

Cinq-Mars fut arrêté ; on arrêta aussi de Thou,
moins pour la part qu'il avait prise à la conspiration, où son amitié pour le grand-écuyer l'avait
engagé presque malgré lui, mais parce qu'il était
des ennemis du cardinal. Chavigny, secondé par
Desnoyers, envoyait heure par heure à Richelieu le
bulletin de la colère royale ; il ne négligeait rien
pour l'irriter davantage, rappelant sans cesse au
roi que, durant sa dernière maladie, on avait entendu dire au grand-écuyer : « *Il n'est pas assez*
» *mal.* » De son côté, Desnoyers, jouant auprès de
Louis le même rôle, écrit au cardinal : « Sa Majesté
» est échauffée plus que jamais contre M. le Grand,
» car elle a su que, durant sa maladie, ce misé-
» rable, que M. le président nomme fort bien
» *perfide public*, avait dit du roi : *Il traînera*
» *encore* (1). » Enfin, dans la crainte que la mobi-

(1) Relation de Fontrailles *(Collection Petitot)*.

lité d'esprit de Louis XIII ne changeât ses dispositions, ou que le souvenir d'une affection à peine effacée n'ouvrît son cœur à l'indulgence, on fait éloigner l'abbé de Thou et l'abbé d'Effiat qui venaient implorer pour leurs frères la clémence royale.

Ainsi, Richelieu triomphait de ses ennemis, mais il souilla sa victoire par l'animosité qu'il y mêla et l'éclat qu'il voulut lui donner. Il imposa d'abord au roi sa soumission. Ce prince, confus d'avoir uni ses vœux à ceux des conspirateurs pour la perte de son ministre, et empressé de s'humilier devant lui, se fit transporter, malgré les progrès croissants de sa maladie, de Narbonne à Tarascon où des douleurs réelles ou simulées retenaient aussi le cardinal. On dressa au roi un lit dans la chambre de son ministre; Richelieu lui épargna les reproches, mais il fut inflexible dans sa vengeance. Louis XIII voulait sauver la vie à son favori, le cardinal exigea sa mort, et ce fut un triste spectacle de voir ces deux moribonds, un pied déjà dans la tombe, se disputer la vie d'un jeune homme de vingt-deux ans !

Ce n'est pas assez pour Louis de courber la tête sous le regard inexorable de son ministre, il veut, en dépit de ce que chacun sait, prouver la fidélité de son attachement à sa personne; ses faveurs et son amitié pour Cinq-Mars n'auront été qu'une perfidie pour surprendre les sentiments secrets de cet ennemi du cardinal, et il déclare dans une proclamation adressée à ses bien-aimés sujets, qu'il a joué dans ce but, auprès de son favori, le rôle d'agent provocateur (1) !

Le roi dissipait ainsi l'une des plus grandes craintes du ministre. Richelieu voulait se ménager l'opinion publique, même en frappant sans merci des ennemis qu'entourait la faveur populaire ; il ne fallait donc pas que l'on soupçonnât que Louis XIII avait trempé dans la conspiration; cette participation établie, comment eût-il pu abattre la tête d'un complice du roi ?

Après avoir enfin obtenu que Cinq-Mars et de Thou lui fussent livrés, le cardinal, retrouvant des forces nouvelles dans la joie de sa victoire, repart pour Lyon, et remonte le Rhône, traînant derrière lui, comme un triomphateur antique, Cinq-Mars et de Thou enchaînés, sous les regards de la foule, dans une barque remorquée à sa galère dorée.

---

(1) « Lettre de cachet du Parlement de Paris sur les déporte-
» ments de M. de Cinq-Mars :
» DE PAR LE ROI :
» Nos amés et féaux ; le notable et visible changement qui a
» paru depuis un an dans la conduite du sieur de Cinq-Mars,
» nostre grand-écuyer, nous fit résoudre, aussitôt que nous
» nous en aperçûmes, de prendre soigneusement garde à ses
» actions et à ses paroles pour pénétrer et découvrir quelle en
» était la cause. Pour cet effet, nous résolûmes de le laisser agir
» et parler avec nous avec plus de liberté qu'auparavant;
» nous découvrîmes qu'une de ses principales fins était de
» blâmer les actions de notre cousin le cardinal duc de Riche-
» lieu, quoyque ses services et conseils aient toujours été
» accompagnés de bénédictions et de succès ; et de louer hardi-
» ment le comte-duc d'Olivarès, bien que sa conduite aye
» toujours esté très-malheureuse, etc. »
(Mémoires de Richelieu, tome 2. Pièces à l'appui)

A Lyon, il fait instruire rapidement le procès ; il prépare lui-même toutes les pièces, dirige cette instruction avec une habileté et une sûreté de vue qui tient à l'instinct de la haine. L'auteur de *Mirame* se plaît alors à tracer de sa main les scènes et ourdit avec complaisance l'intrigue du drame sanglant qui va se dénouer sur l'échafaud ! Il écrit à Chavigny : « *J'attends M. de Chazé que nous* » *essaierons par M. de Thou ; il est nécessaire que* » *je sois ici pour l'aider dans ses interrogatoires* » *que je lui donnerai toutes digérées.* »

Il fera aussi asseoir parmi les juges, et à côté du chancelier Séguier, Laubardemont, le magistrat indigne, dont il a jadis si facilement obtenu la condamnation du malheureux Urbain Grandier, ajoutant au mépris de la vie des hommes le mépris de la justice !

Le duc de Bouillon, pris à son tour, s'estima heureux de pouvoir sauver sa tête en abandonnant sa principauté de Sédan, résultat politique avantageux au milieu de regrettables et inutiles excès.

La situation de Gaston d'Orléans était plus difficile à régler. Ce prince, à la nouvelle de la découverte de la conspiration, avait pris la fuite et s'était réfugié dans les montagnes de l'Auvergne, où la famille et les partisans du grand-écuyer lui donnaient asile ; mais aussi prompt à s'humilier qu'à conspirer, Gaston, provoqué à une confession ingénue de ses fautes par l'abbé de la Rivière, son agent auprès du cardinal, donna de lui-même

satisfaction à ses désirs, en lui envoyant sa soumission : « Je suis touché de repentir, écrit-il,
» d'avoir encore une fois manqué de fidélité au roi,
» Monseigneur, et désirant me rendre digne de
» grâce et de pardon, j'avoue sincèrement toutes
» les choses dont je suis coupable (1). »

Et pour obtenir plus facilement l'indulgence qu'il sollicitait, Gaston s'empressa de dénoncer les autres conjurés ; trahison aussi honteuse qu'inutile (2). Singulier rapprochement ! ce fut à Aigueperse, non loin de ce château d'Effiat, où était né Cinq-Mars, que le duc d'Orléans signa, en livrant les preuves de sa culpabilité, l'arrêt de mort de son ami !

VI.

La condamnation de Cinq-Mars et du conseiller de Thou était dès-lors certaine ; les deux amis, se soutenant l'un l'autre dans leur commun malheur, montrèrent pendant tout le cours du procès un calme et un courage dignes de leur race et de leur caractère (3).

(1) Lettre de Gaston d'Orléans. *(Mémoires de Richelieu, t. I.)*

(2) Ce prince déclare, entre autre choses, « que le sieur le Grand luy avait voulu donner de mauvaises impressions de Monsieur le cardinal, des soupçons et des crimes: et que luy, Monsieur, a bien recognu que ce n'étaient que des choses fausses, dont on s'était servi pour l'engager à faire le traicté. » Gaston remit ensuite la copie du traité qu'il avait en mains.

(3) *Arrêt de mort de Messieurs de Cinq-Mars et de Thou.*
« Entre le Procureur général du Roy, demandeur, en cas de crime de lèze Majesté, d'une part,

La fermeté de ces deux hommes, frappés à la fleur de leur âge, jointe à la passion haineuse avec

» Et Messire Henry d'Effiat de Cinq-Mars, grand écuyer de France ; et François-Auguste de Thou, conseiller du Roi en ses conseils, prisonniers au château de Pierre-Encise de Lyon, défendeurs et accusés, d'autre part,

Les commissaires députés par Sa Majesté, auxquels Monsieur le Chancelier a présidé, faisant droit sur les conclusions dudit Procureur général du Roy, ont déclaré lesdits d'Effiat et de Thou atteins et convaincus du crime de lèze Majesté, sçavoir ledit d'Effiat pour les conspirations et entreprises, ligues, proditions et traités faits par lui avec les étrangers contre l'État, et ledit de Thou pour avoir eu connaissance desdites entreprises, proditions et traités : pour réparation desquels crimes, les ont déclarés privés de tous honneurs et dignités, et les ont condamnés et condamnent d'avoir la teste tranchée sur un échaffaut qui, pour cet effet, sera dressé en la place des Terreaux de cette ville, ont déclaré et déclarent tous et un chacun leurs biens meubles et immeubles confisqués au Roi et ceux par eux directement tenus de la couronne réunis à icelle, sur iceux préalablement prise et levée la somme de 60,000 livres applicable à œuvres pies ; et néanmoins ordonne que ledit d'Effiat, avant l'exécution, sera appliqué à la question ordinaire et extraordinaire pour avoir plus ample révélation de ses complices.

Prononcé le 12 du mois de septembre 1642. »

Cet arrêt si abondant en condamnations de tout genre et si concis dans ses motifs ne reçut cependant pas une entière exécution. Cinq-Mars, pour hâter l'issue trop certaine du procès, avait tout avoué, et l'application de la question devenait à son égard un luxe de sévérité ; on la lui épargna. Toutefois, on le conduisit dans la chambre de la question et on le mit en face de l'appareil de la torture ; il dit en traversant cette salle : *Ah qu'il sent mauvais ici !* Puis, apercevant les gênes qu'on lui préparait, il fut pris d'un sentiment de désespoir et répéta deux ou trois fois : *N'y a-t-il point de miséricorde ?* Ce fut là le seul moment où défaillit un peu son grand courage ; mais reprenant bientôt son empire sur lui-même, il quittait déjà son pourpoint pour se livrer aux bourreaux, lorsque Laubardemont, rapporteur du procès, se présenta et reçut ses déclarations sans autres formalités. La politique, plus qu'un sentiment d'humanité, commandait cette apparente modération ; on craignait de porter à son comble l'irritation populaire de jour en jour croissante.

laquelle Richelieu les poursuivit, a fait réagir l'histoire en leur faveur et mêlé un sentiment de regret au souvenir de leur mort.

Cinq-Mars fut décapité à Lyon le 12 septembre 1642 (1). Condamné avec passion, on lui doit

(1) La fierté native d'Henri d'Effiat reprit bientôt son empire sur lui, comme l'attestent les détails suivants, extraits de la *Relation de la mort de Messieurs Cinq-Mars et de Thou*, de François de Rosset, un contemporain témoin même de l'exécution.

« Presque toute la ville de Lyon était assemblée dans la place ; Monsieur le Grand était descendu du carosse, vêtu d'un habit de couleur de noisette couvert de dentelles d'or larges de deux doigts, d'un chapeau noir retroussé à la Catalanne, de bas de soye verts et par-dessus un bas de soie blanc avec de la dentelle, et un manteau d'escarlate ; il monta lui seul sur l'eschaffaut ; comme il était sur le second échelon, un des gardes à cheval qui l'assistait lui osta son chapeau, disant : *Monsieur, il faut montrer de la modestie* ; mais Monsieur le Grand se détourna si promptement qu'il arracha son chapeau des mains du garde et, l'ayant remis sur sa teste, il acheva de monter l'eschelle avec autant de courage que s'il fust allé à l'assaut. Estant sur l'eschaffaut, il fit la révérence à toute l'assemblée, se tournant sur les trois faces du théâtre, en se donnant à considérer au peuple, la main sur le costé, avec la mesme grâce, assurance et démarche qu'il avait dans la chambre du Roy. Puis il se mit à genoux devant le poteau ou billot, l'embrassa, pencha la teste dessus et demanda au bourreau (qui était un vieil crocheteur de la ville, pris au deffaut de celui qui est en office, qui avait alors la jambe rompue), si c'était ainsi qu'il fallait qu'il se mît. Le bourreau lui ayant dit que oui, il se releva, se retourna vers son confesseur et s'entretint avec lui quelque temps, lui donna son manteau ; puis, tirant une boëtte de portrait, toute couverte de diamants de grand prix, il pria sondit confesseur de brusler le portrait qui estait dedans et de l'argent de la boëtte faire des œuvres de charité ainsi qu'il verrait bon estre. Il bailla encore une bague à sondit confesseur, dépouilla lui-même son pourpoint, ouvrit sa chemise et prit le crucifix qu'on lui présenta, et, n'ayant voulu que le bourreau lui coupast les cheveux, n'y le touchast aucu-

aujourd'hui de le juger avec modération ; c'est là, il faut le reconnaître, une loi à laquelle l'histoire sait de nos jours rester fidèle, ne refuser jamais au malheur une réparation tardive.

Grand par la naissance, et d'une intelligence égale à son rang, Henri d'Effiat a été l'un des hommes, sinon supérieurs, du moins considérables de son temps. Il posséda plus d'une des qualités qui font le vrai mérite et retiennent la fortune, mais l'impatience de parvenir lui fit manquer son but, et là où il pouvait espérer atteindre à toutes les grandeurs, il se prépara la chute des conspirateurs malheureux ! Il eut l'ambition sans la patience qui

nement que lorsqu'il serait temps ; il prit les ciseaux de ses mains, coupa lui-même sa moustache, qu'il pria son confesseur de brusler avec le portrait, puis donna les ciseaux audit confesseur avec grâce, le priant de lui couper les cheveux ; il se retourna de rechef vers le poteau, l'embrassa très-étroitement, pencha la teste dessus, demanda au bourreau s'il l'était bien ; le bourreau lui ayant dit que oui, il dit au bourreau : Frappe. Le bourreau (lequel, quoique asgé de soixante ans, faisait encore son apprentissage), ayant tiré une hache de son sac, lui trancha la teste presque d'un seul coup, au moins il s'en fallut de fort peu qu'il acheva de couper. La teste tombant fit plusieurs bonds, et le corps demeura en la mesme posture, embrassant le poteau, sinon qu'il se baissa d'un demi-pied par sa pesanteur, les mains toujours jointes, ce qui témoignait un grand calme. Cela fait, on mit le corps à costé du billot, sur l'eschaffaut, où il fut couvert d'un drap. »

De Thou vint à son tour se livrer à la hache du bourreau et s'agenouilla dans le sang de son ami. « Ils moururent ainsi l'un et l'autre, dit la même relation, avec beaucoup de résolution et de constance. Monsieur de Thou a témoigné plus de dévotion, et Monsieur le Grand a paru plus résolu aux yeux du peuple. »

assure le succès, le talent sans la raison qui l'impose ; ses fautes, dont l'époque où il vécut et les hommes qui l'entourèrent doivent supporter leur part de responsabilité, ne feront pourtant pas oublier ses brillants avantages et ses facultés précoces. Il fut plus grand que son âge, et sa carrière, trop tôt abrégée par la mort, n'a pu donner les résultats féconds que porte seule la maturité.

Richelieu ne jouit pas longtemps de son triomphe ; deux mois après, la mort le frappait à son tour, et le roi le suivait de près dans la tombe.

Fontrailles, le duc de Bouillon et les autres conjurés reparaissaient à la cour sous la régence de la reine Anne d'Autriche et de Mazarin qui, tout en restant fidèles à la politique du ministre de Louis XIII, ne gardaient pas rancune à ses ennemis. Chavigny lui-même, l'ami dévoué de Richelieu, fut disgrâcié et mourut de chagrin. — Cinq-Mars était vengé, et l'on eût pu alors résumer dans cette pensée l'histoire de sa vie : « *Malheur aux impatients !* »

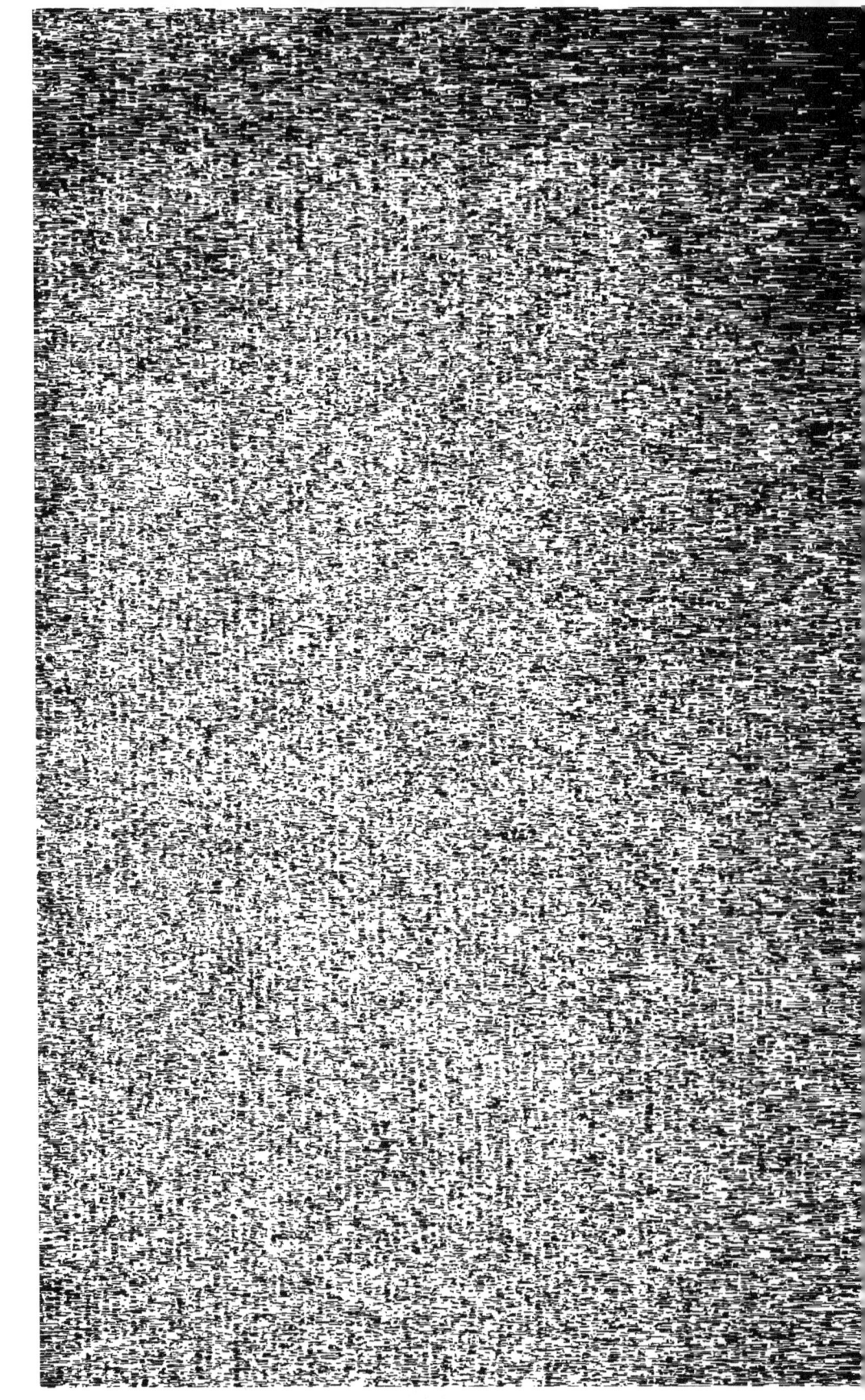

www.ingramcontent.com/pod-product-compliance
Lightning Source LLC
Chambersburg PA
CBHW060459050426
42451CB00009B/728